IRENE FACKLER

Filzen und gestalten mit der Märchenwolle

URANIA-RAVENSBURGER

Inhalt

Vorwort

Ungesponnene Wolle gehört zu den ältesten Rohstoffen für Textilien. Der Wunsch des Menschen, seinen Körper zu schützen, zu bedecken, zu verhüllen oder zu wärmen, war der Ausgangspunkt für die Herstellung von Geweben aller Art. Ob Tierhaare oder Pflanzenfasern: zu Beginn jeder Verarbeitung steht das Reinigen, Auskämmen oder Ordnen der Fasern, um diese anschließend in unterschiedlichen Techniken weiter zu verarbeiten. Als Ausdruck kultureller Entwicklung schlossen sich der Herstellung die Formgebung und Farbgestaltung der Textilien an. Das Grundmaterial für die in diesem Buch beschriebenen Techniken und Modelle ist die gereinigte und gekämmte Schafwolle, die mit pflanzlichen oder chemischen Farben eingefärbt ist und im Fachhandel unter der Bezeichnung Märchenwolle angeboten wird.

Mit dem vorliegenden Buch möchte ich Ihnen einen kleinen Einblick in die Vielzahl der Gestaltungsmöglichkeiten mit diesem angenehm weichen und anschmiegsamen Material geben.

Ich wünsche Ihnen viel Freude und Erfolg beim Nacharbeiten der Modelle.

Ihre Irene Fackler

Material & Grundtechniken

Märchenwolle ist eine gekämmte und eingefärbte Schafwolle. Durch das Kämmen werden die kurzen Haare von der ungesponnenen Wolle getrennt. Aus den langen Haaren entsteht so ein Band von eng aneinander liegenden Wollfasern.

MATERIAL

Märchenwolle in verschiedenen Farben, Pfeifenputzer, Biegeplüsch, Faden, Filz, Nadel, Schere

GRUNDTECHNIK FÜR DEN KOPF

1. Aus Wolle eine kleine Kugel formen und mit Faden zusammenhalten.
2. Zwei Wollstränge aus dem Band ziehen und einen der beiden in der Mitte abbinden.
3. Die Stränge über Kreuz um die Kugel legen, wobei der abgebundene Strang über dem anderen liegt. Unterhalb der Kugel beide Stränge zum Kopf abbinden.

GRUNDTECHNIK FÜR DEN KÖRPER

1. Aus einem Pfeifenputzer einen Kreis biegen, die Enden miteinander verdrehen.

2. Einen Pfeifenputzer zum Bogen biegen und am Kreis befestigen.

3. Einen weiteren Pfeifenputzer ebenfalls zum Bogen biegen und über Kreuz zum Ersteren befestigen.

4. Einen Pfeifenputzer zu einer Körperschleife biegen, die Enden über einen der gekreuzten Drahtbögen biegen und befestigen.

5. Einen weiteren Pfeifenputzer mit Wolle umwickeln (siehe S. 6) und als Arme mit einer Umdrehung an der Körperschleife befestigen.

GRUNDTECHNIK FÜR DIE ARME

Mit einem hauchdünnen Wollband einen Pfeifenputzer von den Enden zur Mitte hin fest umwickeln, dabei darauf achten, dass die Wolle flächig bleibt. Die Enden des Pfeifenputzers als Hände umbiegen.

TANZENDE ELFEN

Für die Elfen den Kopf wie auf Seite 4 beschrieben arbeiten. Aus einem vorbereiteten Armteil über der Mitte eine Schlaufe als Körper biegen (siehe links). Den Kopf über ihr befestigen, die Körperschleife zeigt dabei nach unten. Die Arme werden

zwischen die Wollenden des Kopfes gelegt und unterhalb der Armachse mit einem Faden abgebunden. Aus einem ca. 30 cm langen Wollstrang ein Kleidchen gestalten. Hierzu in die Mitte des Strangs eine kleine Öffnung ziehen, den Kopf durch das Loch stecken, wobei die Mitte des Wollstrangs die Schultern bildet. Die Wolle über den Körperbogen verteilen und unterhalb des Bogens abbinden. Mit Nadel und Faden locker gezupfte Wolle als Haare aufnähen. Das Püppchen mit Goldband als Gürtel und als Halsschmuck verzieren. Nylongarn für die Aufhängung befestigen.

ZUSÄTZLICHES MATERIAL

Holzperlen, Draht, kleine Papiermanschetten

MINIATURBLÜTEN

Jeweils drei Holzperlen auf ein kurzes Stück Draht aufziehen. Die Drahtenden bilden zum Schluss den Stiel. Ein bisschen Wolle zu einer Kordel drehen, die Enden mit Draht zusammenbinden. Für die Blätter dünne Wollstücke ebenfalls mit Draht befestigen. Die Wollenden zwischen feuchtem Daumen und Zeigefinger zusammendrehen, sodass eine Blattspitze entsteht. Die Blüte zusammenbinden, wobei die Perlen den Mittelpunkt bilden. Die Papiermanschette über die Drahtenden ziehen, den Draht auf die gewünschte Länge kürzen und von der Manschette beginnend mit Wolle fest umwickeln.

FRAU HOLLE

Vorlage A
Bogen A

Ein Püppchen wie auf Seite 12 beschrieben gestalten. Den Filz der Vorlage entsprechend zuschneiden. An der gestrichelten Linie falten, die Seitennähte mit einigen Stichen schließen. Das Beutelchen wenden und an den Händen des Püppchens mit Faden befestigen. Einzelne Federn an Nylonfäden binden und so in den kleinen Beutel nähen, dass der Eindruck entsteht, als fielen die Federn gerade heraus. Darüber hinaus einzelne Federn an Nylonfäden binden und um Frau Holle herum anordnen.

ZUSÄTZLICHES MATERIAL

Federn, roter Filz, Nylongarn

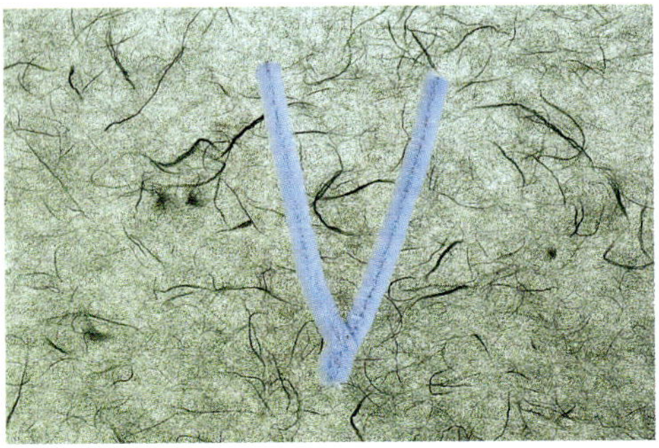

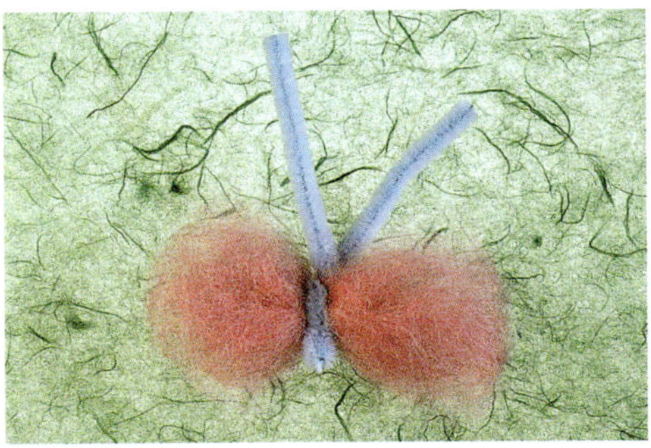

SCHMETTERLINGE

1. Biegeplüsch auf ca. 20 cm zuschneiden und über der Mitte zusammenknicken, einmal den Draht verdrehen.

2. Eine ca. 10 cm lange Wollflocke zwischen die Drahtstränge legen, die Drahtenden erneut verdrehen.

3. Eine zweite, etwas kürzere Wollflocke ebenso befestigen.

4. Die Wollenden zwischen feuchtem Daumen und Zeigefinger zu Flügelspitzen drehen. Die Enden des Biegeplüschs ca. 0,5 cm als Fühler einknicken.

5. Nylonfaden über der Mittelachse des Schmetterlings für die Aufhängung befestigen.

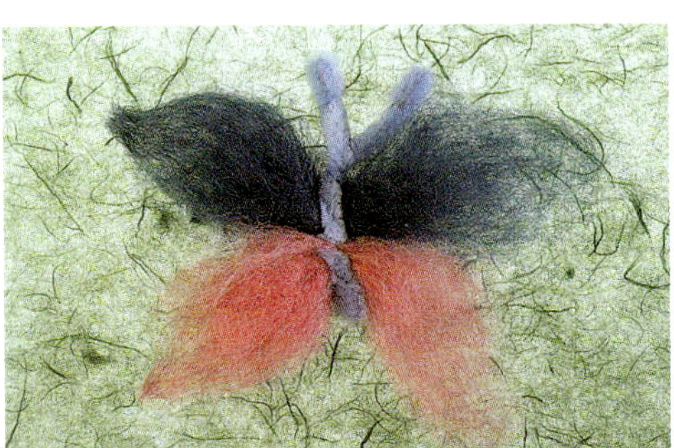

GRUNDFORM FÜR GÄNSE

Aus Pfeifenputzer wie auf der Abbildung gezeigt ein Grundgestell biegen. Die Gans wird erst zum Schluss in ihre eigentliche Form gebracht. Zuerst den Schnabel mit einer hauchdünnen Schicht Wolle umwickeln, das Drahtende ca. 1 cm einknicken und nochmals bis kurz vor den Anfang umwickeln, damit die Wolle nicht über die Knickstelle rutscht. Die Füße auf die gleiche Weise arbeiten. Vom Schnabel ausgehend einen dünnen Hals, dann den Körper bis zum Schwanz in mehreren dünnen Wollschichten fest umwickeln, bis die gewünschte Dicke erreicht ist. Feuchten Sie die Finger zum Wickeln etwas an, um die Wolle geschmeidiger werden zu lassen und um die Wollfäden leicht zu verfilzen. Die Gans in ihre eigentliche Form biegen (siehe Abb. S. 13).

GRUNDFORM FÜR PÜPPCHEN

Für ein Püppchen einen Kopf und eine Grundform wie auf Seite 4 und 5 beschrieben herstellen. Den Kopf auf der Grundform befestigen, indem die Wollenden des Kopfes über die Körperschlinge gelegt und unterhalb der Schlinge fest abgebunden werden. Mit der gewünschten Farbe die Blusenärmel um die Arme wickeln. Das Körperoberteil wird wie bei den Elfen mit einem Wollstrang gearbeitet (siehe S. 6/7). Die Wollenden über den unteren Ring der Grundform in das Forminnere schlagen. Für Rockteile oder Schürzen einen ca. 16 cm langen Wollstrang über die Mitte falten. In die Faltkante einen festen Faden einlegen und um die Taille des Püppchens binden. Die Wollenden in das Forminnere einschlagen. Die Haare wie bei den Elfen beschrieben aufnähen.

GÄNSELIESEL
Ein Püppchen in der Grundform herstellen. Die Haare zu kleinen Zöpfen flechten.

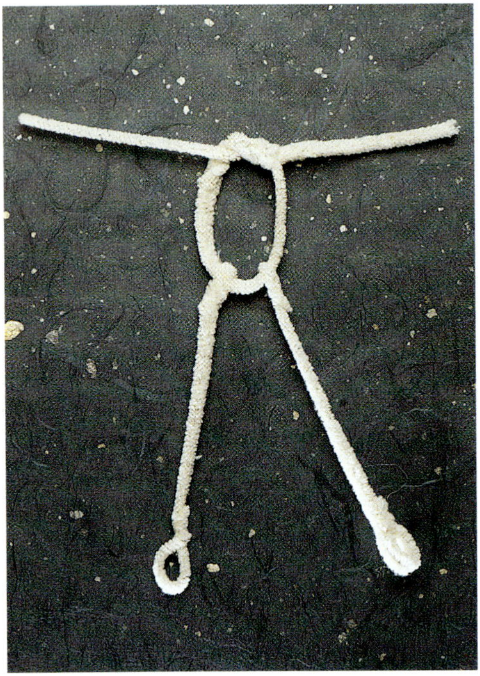

HANS IM GLÜCK

Aus Pfeifenputzern ein Grundgestell (siehe Abb.) biegen. Den Kopf herstellen (siehe S. 4), die Wollenden über den Körper legen und unterhalb der Arme fest abbinden. Zuerst die Füße und Beine, dann den Körper mit dünnen Schichten Wolle umwickeln. Feuchten Sie die Finger zum Wickeln etwas an, um die Wollfäden leicht zu verfilzen. Hemd und Hose mit den entsprechenden Farben wickeln und zum Schluss das Oberteil wie für die Elfen beschrieben anbringen (siehe S. 6/7), wobei die Wollenden ca. 3 cm unterhalb der abgebundenen Taille abgeschnitten werden. Mit Nadel und Faden locker gezupfte Wolle als Haare aufnähen. Abschließend eine Wollflocke fest verdrehen und als Gürtel um die Taille knoten.

SCHNEEWITTCHEN UND DIE SIEBEN ZWERGE

Vorlage B

Bogen A

Ein Püppchen wie auf Seite 12 beschrieben herstellen. Die Zwerge der Vorlage entsprechend aus Filz siebenmal zuschneiden. An der gestrichelten Linie den Filzzuschnitt falten und die Öffnung zwischen den

auf dem Schnitt gekennzeichneten Punkten a und b mit Nadel und Faden schließen. Die so entstandene Mütze wenden, die Naht liegt nunmehr innen. Über die im Schnitt eingezeichnete Linie mit einem Faden den Filz einreihen. Märchenwolle in das Zwerginnere schieben, den eingereihten Faden zusammenziehen und verknoten. Ein kleines Stück gezupfte Wolle als Bart mit Nadel und Faden anbringen.

BOMMELTECHNIK

1. Der Vorlage entsprechend für jeden Bommel zwei Scheiben aus Pappkarton zuschneiden.

2. Die Pappkartonscheiben aufeinander legen und mit einem Wollstrang fest umwickeln, bis das Loch ganz gefüllt ist.

3. Mit einer Schere den Außenrand zwischen den Pappscheiben aufschneiden.

4. Einen festen Faden zwischen die Pappscheiben legen und fest verknoten. Die Pappscheiben aufschneiden und entfernen.

5. Mit einer scharfen Schere den Bommel in die gewünschte Form schneiden und die Oberfläche nivellieren.

ZUSÄTZLICHES MATERIAL

Federn, Klebstoff

SCHILDKRÖTE
Vorlage C1–C9
Bogen A

Aus den Vorlagen C 1–C 4 Bommel herstellen. Die Bommel dem Bild entsprechend mit einem festen Faden zusammennähen, wobei Sie dabei möglichst das Bommelinnere ganz durchstechen sollten. Für den Hut die Vorlagen C 5–C 8 aus schwarzem Filz zuschneiden. Die Zacken umbügeln. Die Teile werden zusammengeklebt, indem das Teil C 6 zum Kreis geschlossen und mit der gezackten Kante um die Außenkante von Teil C 5 geklebt wird. Dabei liegen die Zacken auf dem Kreis. Mit dem zweiten Kreis abdecken. Das Teil C 7 zum Kreis schließen und mit der Zackenkante in das Hutinnere kleben. Die Federn dekorativ befestigen. Aus weißem Filz das Teil C 9 zuschneiden und mit Teil C 8 als Augen aufkleben.

MARIENKÄFER

Vorlage D
Bogen A

Die Pappscheiben der Vorlage entsprechend zuschneiden und einen Bommel wie auf Seite 18 beschrieben herstellen. Legen Sie dabei vor dem Wickeln die gegenüberliegenden Seiten für Kopf und Hinterteil des Marienkäfers fest. Am Kopf beginnend mehrere Schichten mit schwarzer Wolle wickeln und mit Schwarz weiter bis zum Hinterteil wickeln. Mit Rot fortfahren und dreimal eine schwarze Wicklung einfügen. Diese ergeben später die schwarzen Punkte. Den Bommel fertig stellen. Fühler und Füße aus Biegeplüsch arbeiten und mit schwarzer Wolle umwickeln. Die Fühler sind ca. 7 cm, ein Fußpaar ca. 11 cm lang. Mit Nadel und Faden an den Bommel nähen und in die gewünschte Form biegen.

SPIRALENMÄNNCHEN

Vorlage E
Bogen A

Die Pappscheiben der Vorlage entsprechend zuschneiden und einen Bommel wie auf Seite 18 beschrieben herstellen. Biegeplüsch, ca. 40 cm lang, als Arm- und Beinpaar zuschneiden, in die Wolle des Bommels einschieben und jeweils einen Arm mit einem Beinteil einmal eng in der Wolle miteinander verdrehen und zu Spiralen biegen. Aus Filz die Gesichtsteile zuschneiden und aufkleben. Gezupfte Wolle als Haare aufnähen.

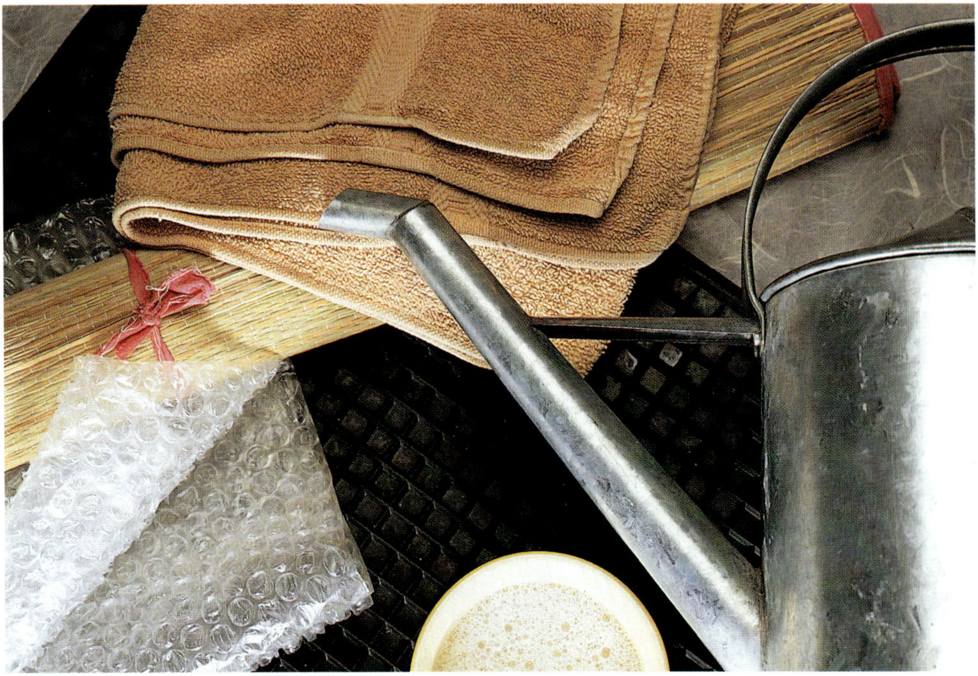

Filzen

ZUSÄTZLICHES MATERIAL

Flüssige Schmierseife, Schüssel, kleine Gießkanne, Gummimatte, Noppenfolie, evtl. Bambusmatte, heißes Wasser, Handtücher, Essig

Die Grundtechnik des Filzens besteht darin, ungesponnene, gekämmte Wollfasern mit Hilfe von Feuchtigkeit und Bewegung zu einem festen Gewebe zu verbinden. Seife in Verbindung mit Wasser dient als Gleitmittel für die Fasern, die sich durch Reiben und Walken ineinander verhaken und durch die Hitze zusammenziehen. Fast jeder kennt das Ergebnis eines zu heiß gewaschenen Pullovers.

Grundsätzlich werden mindestens zwei kreuzweise übereinander gelegte Wolllagen benötigt. Mehrere gleichmäßig gezupfte Wolllagen ergeben einen ebeneren und festeren Filz. Je nach Wollqualität schrumpft die Wolle während des Filzens erheblich, es sollte daher ein Probestück angefertigt werden.

1. Aus dem Wollstrang breit gefächerte Fasern auszupfen und reihenweise, dachziegelartig überlappend auf die Gummimatte legen.

2. Die zweite und eventuell alle weiteren Lagen werden um 90 Grad gedreht ebenso aufgelegt. Die Faserrichtungen laufen so über Kreuz.

3. Die aufgelegte Wolle mit heißem Schmierseifenwasser begießen. Die Wolle sollte nass sein, jedoch nicht im Wasser schwimmen.

4. Die Wolle mit der flachen Hand zusammendrücken, um so die Feuchtigkeit gleichmäßig zu verteilen.

5. Mit leichten, kreisenden Bewegungen und sanftem Druck die Fasern bearbeiten. Nachdem so eine schwache Oberflächenverbindung entstanden ist, den Druck verstärken. Hierbei von außen nach innen arbeiten.

6. Nachdem die Faserverbindung etwas weiter fortgeschritten ist, die Fläche mithilfe einer zweiten Matte oder Noppenfolie umdrehen und die Rückseite auf die gleiche Weise arbeiten.

7. Sind beide Seiten gut angefilzt, die Wollplatte zusammenfalten und behutsam das Wasser ausdrücken.

8. Die Wollplatte auf ein Handtuch oder eine Bambusmatte legen und erneut ein wenig heißes Schmierseifenwasser aufbringen. Mit dem Handtuch die Wollplatte einrollen und unter sanftem Druck hin und her bewegen.

9. Nach einiger Zeit die Rolle öffnen, die Platte um 90 Grad drehen, erneut anfeuchten und einrollen. Diesen Arbeitsvorgang mehrfach wiederholen und dabei den Druck stetig erhöhen.

10. Durch das Walken entsteht die Dichte des Filzes. Die Länge des Walkprozesses differiert je nachdem, was Sie aus Filz herstellen möchten.

11. Das fertige Filzteil in Essigwasser auswaschen und liegend trocknen.

WANDDEKORATION
Vorlage F 1–F 2
Bogen A

ZUSÄTZLICHES MATERIAL

Bast,
Bambusstäbe

Aus fertigem Filz der Vorlage F 1 und F 2 entsprechend Blütenblätter zuschneiden. Wie auf Seite 22/23 beschrieben die Wolle schichten. Nach der zweiten Lage Wolle die Blütenblätter auflegen und nochmals eine hauchdünne Schicht Wollfasern aufbringen. Nun mit dem Filzen beginnen. Es ist dabei hilfreich, auf die angefeuchtete Wolle eine Noppenfolie zu legen, um ein Verrutschen der Motivteile zu verhindern.

Aus vier Bambusstöcken und Bast einen Rahmen zusammenbinden. Das fertig getrocknete Bild mit Nadel und Bast im Rahmen befestigen.

SPANSCHACHTEL

Wie auf Seite 22/23 beschrieben die Wolle auflegen. Mit einer zweiten Farbe Wollflocken als Tupfer aufbringen und locker gesponnene Wolle in unregelmäßigen Linien auflegen. Sodann eine dünne Schicht Wollfasern dachziegelartig aufschichten. Nach dem Anfeuchten der Wolle eine Noppenfolie auflegen, damit die Motivteile nicht verrutschen. Sorgsam und locker filzen. Einen Papierschnitt in der Größe des Schachteldeckels plus Randzugabe herstellen. Den Schnitt auf den fertig getrockneten Filz legen, diesen zuschneiden und mit Textilkleber auf den Deckel wie auch Rand kleben. Aus gesponnener Wolle eine lockere Kordel drehen und mit einigen Stichen über den Filzrand nähen. Kordelenden miteinander verknoten.

ZUSÄTZLICHES MATERIAL

Spanschachtel,
gesponnene Wolle

BÄLLE

1. Bereiten Sie eine Schüssel mit heißem Schmierseifenwasser vor und zupfen Sie die Wollfasern in lockere Flocken.

2. Für die Ballmitte einige Flocken einem Bonbonpapier gleich zusammendrehen, die Faserenden um diesen Mittelpunkt legen und anfeuchten.

3. Jede Flockenschicht wird im rechten Winkel zu der gearbeiteten aufgelegt und mit heißer Seifenlauge förmlich angeklebt. Die Wollfasern fest und gleichmäßig um den Ball legen.

4. Hat der Ball die gewünschte Größe erreicht, beginnt das Filzen. Legen Sie den Ball in die Hände und drücken Sie ihn sanft in allen Richtungen. Die Wolle sollte zu diesem Zeitpunkt immer möglichst heiß und nass sein.

5. Nach einiger Zeit haben sich die Oberflächenfasern verbunden. Nun wird der Ball immer fester geknetet, gedrückt und gerollt, damit sich auch die inneren Fasern fest verbinden. Dabei schrumpft der Ball erheblich.

6. Am Ende den Ball gründlich mit klarem Wasser ausspülen, ausdrücken, in Form rollen und gut trocknen lassen.

EINLEGESOHLEN

Stellen Sie sich von Ihrer gewünschten Sohlengröße einen Papierschnitt her. Wie auf Seite 22/23 beschrieben einen festen Filz arbeiten, wobei für größere Einlegesohlen besser zwei Filzplatten angefertigt werden. Nach dem Trocknen mit einfachem Steppstich den Filz rautenförmig absteppen. Den Papierschnitt auflegen und eine rechte und linke Sohle zuschneiden. Die äußeren Kanten mit Zickzackstich umsteppen.

ZUSÄTZLICHES MATERIAL

Stoff,
Schnur

TASCHE

Vorlage G
Bogen B

Stellen Sie aus Noppenfolie einen Schnitt her. Der Taschenbeutel wird wie rechts beschrieben gefilzt. Fertigen Sie nach dem Trocknen des Filzteils einen Papierschnitt in der richtigen Größe, indem Sie den gefilzten Beutel auf ein Papier legen, die äußeren Kanten aufzeichnen und ausschneiden. Mit diesem Schnitt in doppelter Stofflage und 1 cm Nahtzugabe einen Taschenbeutel zuschneiden. Die Teile rechts auf rechts legen, die runden Seitenkanten steppen. Den Stoffbeutel so in den Filzbeutel legen, dass die Naht innerhalb des Beutels liegt. Die oberen Taschenkanten mit Stoffschrägstreifen (ca. 60 x 5 cm) einfassen. Für die Tragegriffe und äußere Taschenkante einen Stoffstreifen von ca. 2 m zuschneiden. Die Streifenmitte trifft dabei auf die Taschenbodenmitte. Ab der Taschenkante eine Schnur in den restlichen Stoffstreifen legen, die Stoffkanten einschlagen und als Tragegriffe zusammennähen. An der gegenüberliegenden oberen Taschenkante die Streifenenden von innen festnähen.

TASCHENBEUTEL UND EIERWÄRMER FILZEN

1. Einen Schnitt aus Noppenfolie zuschneiden.

2. Den Zuschnitt auf die Gummimatte legen und die Wollfasern wie auf Seite 22/23 beschrieben auflegen. An dem Beutelboden bzw. den Seitenkanten eine Wolllage ca. 3 cm über die Folie ragen lassen.

3. Die Wolle anfilzen und die Arbeit mit der Noppenfolie und einer zweiten Gummimatte vorsichtig wenden.

4. Die ca. 3 cm überstehenden Fasern über die Folienschnittkante einschlagen und Schritt 2 wiederholen. Dann wiederum anfilzen, wobei die Verbindungsfasern möglichst trocken bleiben.

5. Die Arbeit wenden und die Verbindungsfasern auf die bereits angefilzte Fläche einschlagen.

6. Den Filz fertig stellen. Wenn die Wollfasern gut verfilzt sind, kann die Folie entfernt werden.

EIERWÄRMER

Vorlage H
Bogen A

Stellen Sie aus Noppenfolie einen Schnitt her. Die Mützchen werden wie auf Seite 28 beschrieben ohne Naht gefilzt.

BUCHHÜLLE

Vorlage I
Bogen B

ZUSÄTZLICHES MATERIAL

Stoff, Mohairwolle, Textilkleber

Die Vorlage entspricht einer Buchhülle (DIN A5). Stellen Sie der Vorlage entsprechend einen Papierschnitt her. Die Filzplatte 8 cm größer arbeiten als den Schnitt, da die Wolle beim Filzen einläuft. Wie auf Seite 22/23 beschrieben die Wolle auflegen. Sodann locker gesponnene Mohair-

wolle in unregelmäßigen Schlingen aufbringen. Eine dünne Schicht Wollfasern dachziegelartig aufschichten. Nach dem Anfeuchten der Wolle eine Noppenfolie auflegen, damit die Motivteile nicht verrutschen. Nun sorgsam mit dem Filzen beginnen. Dem Papierschnitt entsprechend ein Stück Stoff zuschneiden. Die linke Stoffseite mit Textilkleber auf die getrocknete linke Filzseite kleben. Die überstehenden Filzkanten auf die aufgeklebte Stoffseite einschlagen und ebenfalls festkleben. Die Seitenkanten der gestrichelten Linie (siehe Vorlage) nach innen zur Klappe einschlagen. Die oberen und unteren eingeschlagenen Kanten zusammennähen.

ZUSÄTZLICHES MATERIAL

Stiftebox aus Pappe, Mohairwolle, Kleber, Gewebe-Klebeband

STIFTEBOX

Eine Filzplatte wie für die Buchhülle beschrieben arbeiten. Mit dem getrockneten Filz und Kleber die Stiftebox beziehen, indem die Box einem Päckchen gleich eingeschlagen wird. Die Filzplatte dementsprechend zuschneiden. Die obere Filzkante in die Box einschlagen, die Kanten innen mit Gewebe-Klebeband befestigen. Den auf dem Boden eingeschlagenen Filz mit einigen Stichen von Hand fixieren.

Die Deutsche Bibliothek – CIP-Einheitsaufnahme
Ein Titeldatensatz für diese Publikation ist bei Der Deutschen Bibliothek erhältlich.

www.dornier-verlage.de
www.urania-ravensburger.de

Umschlaggestaltung: Behrend & Buchholz, Hamburg
Fotos: Heidi Hintereck, Endingen
Modelle: Irene Fackler
Vorlagenbogen: Irene Fackler (Design), Jana Holeschovsky (Ausführung)
Lektorat: Berliner Buchwerkstatt, Vera Olbricht
Satz: City Repro, Berlin
Druck: Messedruck Leipzig GmbH
Printed in Germany

Gedruckt auf alterungsbeständigem Papier mit chlorfrei gebleichtem Zellstoff.

Die Schreibweise entspricht den Regeln der neuen Rechtschreibung.

03 02 01 00   4 3 2 1

ISBN 3-332-01161-8